PÉTITION

A MESSIEURS

DES DÉPARTEMENS,

SUR L'ÉTAT DÉPLORABLE OU L'IMPRIMERIE ET LA LIBRAIRIE EN SONT RÉDUITES;

ET DES

Moyens à employer pour en améliorer le sort, autant que possible.

Par M. J. C. Lebègue,

DOYEN DES IMPRIMEURS DE PARIS.

PARIS.

LEBÈGUE, IMPRIMEUR-LIBRAIRE,

Rue des Noyers, 8.

MARS 1843.

A MESSIEURS

DES DÉPARTEMENS,

SUR L'ÉTAT DÉPLORABLE OU L'IMPRIMERIE ET LA LIBRAIRIE
EN SONT RÉDUITES,

ET DES

Moyens à employer pour en améliorer le sort,
autant que possible.

LES DÉPUTÉS

DES DÉPARTEMENS.

MESSIEURS,

A aucune époque, l'Imprimerie et la Librairie n'eurent tant à souffrir que de nos jours; jamais elles ne furent plus près de leur ruine : aux prises avec les élémens de destruction qui les étreignent de toutes parts, ces belles Industries font entendre un long cri de détresse, et viennent implorer votre intervention tutélaire........ Puissiez-vous accueillir favorablement leurs trop justes doléances, et appliquer un remède efficace aux maux dont elles sont continuellement assaillies : c'est une tâche digne du premier Corps de l'État, digne des Mandataires d'une Nation savante et civilisée....... Qu'il me soit permis d'espérer que vous ne voudrez pas, spectateurs impassibles, assister à la longue et pénible agonie d'une des plus belles Inventions qui puisse

1843

exister, et d'un des plus considérables Commerces de France, sans leur tendre une main secourable.

Loin de moi la pensée d'imputer à qui que ce soit le dépérissement progressif de l'Imprimerie et de la Librairie : l'état de stagnation et de marasme où elles sont tombées résulte, selon moi, des événemens, et non du mauvais vouloir des personnes. Je n'élève pas ici la voix pour accuser ou récriminer; mais, ancien Typographe, ancien Libraire, je viens vous dire *les souffrances de ces deux honorables Professions*, et vous signaler, sans haine comme sans crainte, les *causes* qui amèneront bientôt leur ruine, si l'on n'y remédie promptement.

Je mets en première ligne de nos désastres, LA CONTREFAÇON BELGE, qui, en même temps qu'elle *tue la Librairie française*, prive nos Illustrations littéraires de jouir du juste fruit de leurs hautes connaissances, de leurs travaux incessans et de leurs veilles continuelles *. Cependant ce peuple est *notre plus proche allié*... Que ferait donc davantage, pour nous nuire, notre ennemi le plus implacable?

---

* J'ai imprimé, en 1812 (alors que la Belgique faisait partie de l'Empire français), un Ouvrage de Science en 4 vol. in-8°, qui a eu quatre éditions, *dont chacune*, tirée à trois mille exemplaires, a rapporté à son savant Auteur la somme de 24,000 francs, *et a, de plus, enrichi son Libraire*.

Quel est celui, aujourd'hui (que ce pays forme un Royaume séparé de la France), qui oserait risquer une semblable opération, ayant la certitude que l'Ouvrage sera contrefait de suite?....

Imprimerie Royale.

Cet Établissement, fondé en 1531, sous le règne de François Ier, ne fut d'abord considéré que comme un objet d'Art, et cet état de choses se maintint sous les règnes suivans, jusqu'à celui de Louis XV, où il acquit une véritable importance. L'Imprimerie Royale fut alors établie au Louvre, dans l'emplacement où est maintenant une partie de l'Orangerie, et *spécialement destinée à transmettre*, gratuitement, *à la Postérité, les Ouvrages littéraires et scientifiques d'un mérite reconnu, et dont les Auteurs étaient dans l'impossibilité de faire les frais.* Telle fut la belle édition des Œuvres de l'immortel Buffon, que l'on commença d'y imprimer en l'année 1749*. Louis XVI prit également l'Imprimerie Royale sous sa protection, et lui donna pour Directeur Monsieur Anisson-Duperron, homme d'un très-grand mérite, et qui, secondé par le célèbre Sylvestre de Sacy, et autres savans distingués, l'enrichit de tous les caractères anciens et étrangers dont ils possédaient l'entière connaissance, lesquels furent immédiatement gravés et fondus.

Par suite des divers changemens occasionnés par la Révolution, cette Imprimerie fut transférée à

---

* Terminée en 1802. 42 volumes in-4°. Fig. (Voyez *la Bibliographie* de mon prédécesseur, F. I. Fournier, in-8°, page 62. Paris. 1805.)

Beaujon, puis à l'hôtel Penthièvre (aujourd'hui la Banque de France) *. C'est là que l'on commença à l'employer pour le service des divers Ministères et Administrations, *ce qui porta le premier coup aux Imprimeurs de Paris.* Cependant CAMBACÉRÈS, devenu Ministre de la justice, et dans les attributions duquel était placée *l'Imprimerie* alors *de la République*, pallia cette première faute par un acte de munificence bien louable, en ordonnant l'impression *gratuite* de plusieurs volumineux Ouvrages scientifiques, entre autres d'une belle édition in-4° sur la *Loi des Douze Tables*, du savant Bouchot, professeur au Collége de France **. Ensuite, MM. Dubois-Lavergne et Marcel, qui furent successivement Directeurs de cet Établissement, lui donnèrent une extension telle, que les Imprimeries particulières se virent tout-à-coup privées des clientèles d'Administration, à l'exception de celles des Postes et des Hospices, qui furent mises en Adjudication, *ainsi qu'il aurait dû en être pour les Impressions de toutes les autres Administrations.*

Certes on pouvait raisonnablement penser que cet énorme empiètement une fois opéré, l'on s'en tiendrait là. Il n'en fut rien... Ce colosse typographique,

---

* Elle a enfin été transférée à l'hôtel Soubise, où elle est maintenant.

** Cet Ouvrage n'a été imprimé que sous le Consulat; j'y ai été employé pendant plus d'une année, en qualité de Compositeur.

toujours grandissant, devint insatiable au point de paralyser entièrement notre industrie, en accaparant, *moyennant paiement*, tous les Ouvrages de Science, de Littérature et *même de Commerce*, à des prix bien au-dessous de ceux que pouvaient en demander les Imprimeurs particuliers ; et cette concurrence lui fut d'autant plus facile à soutenir, qu'étant à la charge du Gouvernement, il n'eut à supporter aucun des frais de patente, de loyer, chauffage, éclairage, etc., etc., etc., dont nous fûmes toujours surchargés *.

Ne serait-il pas de toute justice de remédier aux calamités que je viens de vous signaler, en replaçant l'Imprimerie Royale dans sa *spécialité primitive*, et en mettant en Adjudication (dont elle seule serait exclue) les Impressions partielles de chaque Administration, ainsi que cela a lieu pour toutes les autres fournitures à leur usage, et en lui interdisant les opérations typographiques, *lucratives*, ayant pour objet des Ouvrages de Science, de Littérature et de Commerce? Cette mesure n'empêcherait pas qu'elle n'exécutât les Impressions secrettes de l'État, telles que Circulaires ministérielles, Projets de Lois, de Budgets, et tous Actes administratifs particuliers au Gouvernement, ainsi que celles des Ouvrages

---

* Une personne digne de foi m'assure que cet abus a cessé en partie : Dieu le veuille ! et puisse-t-il, grâce aux Chambres, ne jamais se renouveler !.....

littéraires et scientifiques qui seraient jugés dignes d'être imprimés *aux frais de l'État*.

Des Brevets.

Il est bien surprenant que l'Empereur ait pu se résoudre à priver de leur industrie beaucoup de gens très-estimables, et à réduire le nombre des Imprimeurs à soixante pour Paris *. Les Imprimeurs conservés furent obligés de verser, de suite, chacun une somme d'environ dix mille francs, soit pour acheter le matériel de leurs confrères supprimés, soit pour, *soi-disant*, les indemniser **. Au moyen de ces énormes frais, ils eurent le titre pompeux d'IMPRIMEURS BREVETÉS, titre qui, depuis, équivalut à celui d'Imprimeurs sans cesse *surveillés, amendés au-dessus de leurs moyens, emprisonnés,* et enfin.... *ruinés;* et cela en est arrivé au point que les Imprimeurs supprimés, qui se regardaient, avec raison, comme victimes d'une mesure arbitraire, se sont trouvés, par la suite, plus heureux que leurs confrères conservés, lesquels en sont venu au point d'envier leur sort; car ces premiers, avec les som-

---

* Peu de temps après, ce nombre fut porté à quatre-vingts, où il est encore aujourd'hui; au lieu que celui des Libraires est illimité.

** Comme s'il était possible d'indemniser convenablement de la perte de son état un homme qui l'exerce depuis nombre d'années, et qui n'en connaît pas d'autre..... Aussi plusieurs en périrent-ils de chagrin : l'un d'eux se suicida.

mes qu'ils ont reçues, se sont mis à même d'exercer d'autres industries, où ils n'ont pas eu à essuyer aucuns des malheurs qui ont constamment pesé sur l'Imprimerie.

Il est vrai de le dire, jamais semblables calamités ne se fussent fait sentir d'une manière aussi violente, si l'Imprimerie et la Librairie eussent pu conserver leur premier Directeur, M. le comte PORTALIS, qui leur fut si brutalement enlevé par suite de la plus odieuse perfidie qui puisse entrer dans le cœur humain..... Ce digne Fonctionnaire (revêtu depuis de la première Magistrature de France), loin de *tâcher* de trouver des délinquans, ainsi qu'on l'a fait sans cesse depuis, s'apercevait-il qu'un Imprimeur faisait fausse route, il l'envoyait prévenir de son erreur, et lui évitait par-là des poursuites pouvant entraîner la perte de son état *. Voilà l'Administrateur dont l'Imprimerie ainsi que la Librairie furent privées, voilà le père qu'elles n'oublieront jamais !!!.....

---

* En 1809, un Libraire eut l'imprudence de mettre en vente un Ouvrage que j'avais imprimé, *avant que j'en eusse fait préalablement* le dépôt à la Direction de l'Imprimerie et de la Librairie : quoique ce fait fût involontaire de ma part, il n'en constituait pas moins une faute très-grave, dont j'étais *seul* responsable, et qui, *six mois plus tard*, eût pu avoir un bien plus fâcheux résultat, que celui d'une légère remontrance *toute bienveillante* que m'adressa mon ancien Chef....... Qu'il me soit permis, avant que Dieu ne décide de moi, de lui en témoigner ici ma respectueuse et inaltérable reconnaissance !

Des dangers que courent l'Imprimeur et le Libraire par suite de la Liberté actuelle de la Presse.

Jamais ces Professions n'ont été autant inquiétées que depuis la Liberté *actuelle* de la Presse. Je vais tâcher d'en administrer la preuve.

Un Auteur vend à un Libraire un Manuscrit plus ou moins considérable : celui-ci le donne à imprimer. Il faut d'abord que l'Imprimeur s'assure, *par lui-même*,* s'il peut se charger de l'imprimer ; et si, après avoir passé *gratuitement* plusieurs jours et plusieurs nuits à lire cet Ouvrage, il croit apercevoir (*que ne peut pas se figurer la crainte !*) des passages susceptibles d'être incriminés, *n'osant pas se compromettre*, il rend le Manuscrit au Libraire, qui, à son tour, le remet à l'Auteur ; alors ce dernier, voyant son marché nul, attaque l'Imprimeur, pour le tort que *son refus d'imprimer* lui cause : de là procès en dommages et intérêts, ainsi que cela vient d'avoir lieu dernièrement.

Si, au contraire, *ne croyant rien y trouver de répréhensible*, il se charge de l'impression, alors la Déclaration en est faite au Ministère de l'Intérieur ; on lui en donne un Récépissé, *qui ne lui offre au-*

* C'est-à-dire que l'Imprimeur *doit posséder la science infuse*, être même plus savant que les Jurisconsultes les plus distingués ; car s'il est poursuivi pour un délit de Presse, dont le résultat du jugement sera un acquittement, sa judiciaire aura été *supérieure* à celle des Magistrats qui l'auront poursuivi : cela n'est-il pas vraiment bien étrange, pour ne pas dire plus ?.....

cune garantie; parce que si, contre ses prévisions, l'Ouvrage contient quelque chose que Monsieur le Procureur du Roi juge incriminable, cet Imprimeur est de suite traduit en Cour d'Assises, et passible de tous les malheureux équivalens d'*Imprimeurs brevetés* cités plus haut.

En voici un exemple récent. Un ancien Imprimeur-Libraire, brave homme s'il en fut, met *continuellement* en vente, depuis plus de vingt années, et *après Déclaration préalablement faite* avant le tirage, une petite Brochure in-18, intitulée : Les Aventures du Duc de Roquel***, sans que jamais on l'ait chagriné en rien pour cette minime publication, que tout le monde a constamment vu traîner sur les quais, avec ce qu'on appelle la Petite Bibliothèque Bleue : Cartouche, Mandrin, Jean de Paris, etc., etc. Dernièrement, un Commissaire, en faisant sa visite chez lui, vit apporter dans son Magasin l'Ouvrage sortant de l'impression; et comme cette vieille reproduction avait été mise à l'index, ce Fonctionnaire crut de son *devoir* de la saisir, et Monsieur le Procureur du Roi, dont le *devoir* aussi est de poursuivre tout Éditeur de ces sortes de livres, *ne put faire autrement* que de traduire celui-ci devant la Cour d'Assises, où le Jury, *par la même raison*, DUT prononcer le fatal OUI, qui fit condamner ce Confrère à un mois de prison et 100 francs d'amende. Notez bien, Messieurs, je le répète, que la DÉCLARATION avait été, comme de coutume, *préalablement* faite au Ministère, ce qui devait militer en faveur du déclarant, et lui valoir au moins, d'avance, un *avis bienveillant* sur la condamnation qu'il encourrait en publiant cette brochure, qui, quoi qu'elle existât *depuis Louis XIV*, était alors à l'index..... Il n'en fut pas ainsi, et cet Imprimeur a subi ses condamnations, qui eussent pu être beaucoup plus fortes, sans l'humanité que la Cour voulut bien montrer dans cette circonstance.

J'ai publié, il y a une vingtaine d'années, sous le titre de *Bibliothèque d'une Maison de Campagne**, un choix des meilleurs Romans anciens, et je n'ai jamais eu aucun désagrément pour cette publication; cependant la *Censure existait* alors. Eh bien, Messieurs, je vous affirme sur l'honneur que je n'oserais pas le faire aujourd'hui, que la *Liberté de la Presse existe.* Quoi! je publierais, par exemple, les Œuvres de l'abbé Prevost; un Inspecteur de la Librairie n'a qu'à se présenter chez moi au moment où l'on y imprime les licencieuses actions de la maîtresse du chevalier Desgr***, ce Fonctionnaire pourrait, dans sa sagesse, juger l'Ouvrage contraire aux mœurs, et le dénoncer au Procureur du Roi: le fait serait réellement constant, et j'encourrais un jugement criminel, dont le résultat pourrait me priver de ma liberté et causer ma ruine entière, d'après le *taux énorme* des condamnations actuelles.......

* Formant cent volumes in-12. (*Épuisée*).

Ne serait-il pas de toute justice que la Direction de la Librairie *refusât de donner le Récépissé de la Déclaration* d'un Ouvrage défendu? Par ce moyen, l'Imprimeur contrevenant, en imprimant malgré ce refus, agirait sciemment, et serait passible des peines que son *délit volontaire* entraînerait.

Or, pour éviter ces malheurs, que fait-on?...... RIEN...... et comme, faute de fonctionner, les presses se détériorent sensiblement, on se résout à en détruire quelques-unes chaque année, ainsi que cela m'arrive depuis douze ans.

Je crois que, pour éviter bien des contraventions, la Direction de la Librairie devrait envoyer, *chaque année**, le Catalogue des Ouvrages mis à l'index, à tous les Imprimeurs et Libraires de Paris et des départemens.

Poursuites incessantes contre les Ouvrages de Ville.

Par cette dénomination, on comprend les Impressions à l'usage du Commerce et des Familles; et certes alors on doit bien penser que l'Imprimeur est, pour cette fois, à l'abri de toutes poursuites,

* Je dis *chaque année*, parce que je viens d'apprendre qu'un Roman, étalé publiquement sur les quais, depuis plus de vingt ans, dont je ne crois pas devoir donner le titre ici, vient d'être mis à l'index depuis peu; et, comme cela peut exister pour beaucoup d'autres Ouvrages susceptibles d'être réimprimés, conséquemment saisis, et l'Éditeur poursuivi criminellement, cette mesure me paraît être de la plus grande utilité, et même indispensable.

et rentre dans la cathégorie des marchands détaillans quelconques. Que l'on se détrompe, il est bien loin d'en être ainsi! Le marchand qui vend à faux poids, qui fausse ses balances, ou se rend coupable d'autres méfaits dont l'indigent est toujours victime, subit une minime condamnation, dont le chiffre dépasse rarement une très-faible somme; d'autres, pour des DÉLITS DÉSHONORANS, sont condamnés à une détention de 13 mois de prison et quinze francs d'amende; mais L'IMPRIMEUR BREVETÉ qui aurait le malheur d'imprimer une *seule affiche* sur *papier blanc*, sans nom d'imprimerie, ne fût-ce qu'une Annonce d'Ouvrage littéraire, un objet perdu, etc., serait passible d'une amende de TROIS MILLE FRANCS, ainsi qu'il résulte d'un Procès-Verbal dressé dernièrement par un Inspecteur, et dont le résultat a été une condamnation à payer cette très-forte somme, pour le recouvrement de laquelle on exerce de *rigoureuses poursuites* en ce moment.

Mais un fait bien plus étrange vient d'avoir lieu à l'égard d'un autre Confrère qui jouit d'une considération justement méritée. Assignation * lui est donnée

---

* Voyez-vous, Messieurs, tout de suite apparaître le Tribunal Correctionnel, pour ce qui ne serait, *dans toute autre industrie*, que l'équivalent à une simple contravention tout au plus passible du Tribunal Municipal? Oui; mais il s'agit d'un Imprimeur ou d'un Libraire, il faut une juridiction plus élevée; car, *pour eux seuls*, la moindre *contravention* est punie comme *un crime*, et la moindre *erreur* l'est comme *un délit*. En vérité, il faut avouer que cet état exceptionnel est bien déplorable!.....

pour comparaître devant le Tribunal de Police Correctionnelle, sous la prévention d'avoir imprimé une affiche *sur papier blanc*, quoique timbrée. Très-heureusement pour lui il n'en était rien; mais il n'a pas moins fallu que cet Imprimeur, pour obtenir son acquittement, puisse prouver au Tribunal que cette affiche *avait été tirée sur papier de couleur tendre*, dont, par l'effet du hasard, il put présenter une parcelle qui, moins exposée aux intempéries que le reste de la feuille, avait presque conservé sa couleur primitive. Il n'en a pas moins éprouvé le désagrément d'un Procès-Verbal de Contravention, et une comparution devant le Tribunal Correctionnel, choses qui ne peuvent occasionner qu'inquiétudes, dépenses et perte de temps.

Du Timbre.

La loi dit que *toute Affiche*, excepté celles du Gouvernement et des Administrations publiques, portera un timbre, soit de 5 cent., soit de 10 cent., selon sa grandeur : au timbre de 10 cent., on peut imprimer sur toutes grandeurs, pourvu que l'affiche ne forme qu'*une seule feuille*, eût-elle cent mètres sur cinquante; mais l'affiche timbrée à 5 cent. exige un papier qui ne comporte que 43 centimètres de hauteur sur 31 de largeur; et si l'Imprimeur présente, pour être timbré, un papier qui excède d'un seul millimètre la grandeur voulue ci-dessus, on refuse de timbrer, et il est obligé de faire rogner son papier au premier endroit venu; et s'il avait le malheur de laisser apposer une seule affiche non timbrée, lors même que ce fait serait occasionné par l'erreur du timbreur, il en résulterait à l'instant Procès-Verbal, poursuites correctionnelles, très-forte amende, etc., etc.

Mais voici bien encore un autre embarras pour le pauvre Imprimeur.

La Loi sur le Timbre dit : « Tout Avis de Com- » merce devra être timbré. »

La Loi sur l'Imprimerie dit : « L'Imprimeur » devra mettre son nom sur tout ce qu'il imprime. »

Or, le Marchand de Nouveautés ou tout autre Industriel qui fait distribuer chaque jour des milliers d'Annonces, *ne peut pas payer de timbre*, ou *ne peut pas faire imprimer*. Si l'Imprimeur se sert de papier non timbré, comme *son nom doit être sur tout ce qu'il imprime*, il est poursuivi par l'Administration du Timbre, et condamné. Si encore, *pour pouvoir enfin travailler*, il ose s'affranchir du timbre, alors il *ne met pas son nom sur ces imprimés;* en ce moment, un Inspecteur de la Librairie peut se présenter dans son atelier, dresser contre lui un Procès-Verbal de Contravention, et cette fois encore il court grand risque d'être poursuivi avec la dernière rigueur.

Toutes les Affiches émanant du Gouvernement ou des Administrations sont *seules* exemptes de timbre, et doivent *seules* aussi être imprimées *sur papier blanc.*

Il paraît, Messieurs, qu'il n'y a que l'Imprimeur qui *soit obligé* de se conformer à cette Loi; car on souffre que tous les murs de la capitale, de la banlieue et même des départemens fourmillent *d'Affiches non timbrées*, qui y sont barbouillées à la brosse et d'autres très-bien exécutées, de toutes couleurs et dimensions, SUR FONDS BLANCS, *à nous prohibés*, ainsi que je l'ai dit plus haut, et sans nom des personnes qui les ont faites; de plus, on a poussé l'injustice jusqu'à autoriser leur placement le long des boulevards et des quais, sur les espèces de guérites qui viennent d'y être construites pour l'usage du public; et l'Affiche annonçant chaque hiver aux Indigens les dons de la Société Philantropique, *est sujette au timbre*, parce qu'elle a été faite par un Imprimeur breveté (juste celui de la Chambre des Députés).

L'Imprimeur se voyant ainsi privé de la confection des Affiches, puisque le Public ne viendra pas lui payer un timbre dont il peut s'affranchir ailleurs, sera obligé de *vendre à la fonte*, c'est-à-dire au poids de la matière, des caractères qui lui ont coûté des prix excessifs.

Ne serait-il pas bien temps et bien urgent, MESSIEURS, de faire cesser un pareil chaos, en posant des bases fixes, que votre sagesse seule peut demander au Gouvernement de faire exécuter; car

enfin, si *l'un est exempt* du timbre, pourquoi *l'autre y serait-il soumis?.....* *

De l'utilité d'une Chambre des Imprimeurs autorisée par le Gouvernement.

De même que les Notaires, les Avocats, les Avoués, les Commissaires-Priseurs, et enfin les Huissiers, nous sommes *forcément* Privilégiés, Assermentés, et notre nombre est limité : pourquoi ne jouirions-nous pas des mêmes prérogatives que ces Classes, qui n'ont aucuns de nos dangers à courir, et n'aurions-nous pas *aussi* notre Chambre des Imprimeurs *autorisée* par le Gouvernement, comme elles ont la leur? Cela non-seulement nous mettrait en contact immédiat avec la Direction de la Librairie, dont le Chef ferait essentiellement partie de cette Chambre; mais encore nous éviterait tous les chagrins, toutes les tracasseries dont nous sommes sans cesse tourmentés, et établirait entre cette Direction et nous des rapports bienveillans qui seraient à l'avantage de tous **.

---

* J'ai remarqué sur les murs, une Affiche intitulée : *Savon-Ponce*, exécutée de deux manières : l'une est peinte, et ne peut pas, conséquemment, être timbrée; l'autre est imprimée, et, comme telle, est revêtue du timbre.......

** Il y a environ deux ans, plusieurs Imprimeurs-Libraires conçurent le louable projet de former une Réunion, et invitèrent tous leurs Confrères à se joindre à eux : beaucoup y consentirent, et plusieurs refusèrent. Les adhérens, dont je faisais partie,

Des moyens a employer pour améliorer le sort des Ouvriers Typographes.

Il existe aussi, à Paris, deux professions limitées par le Gouvernement, quoique exercées par des personnes *non assermentées :* ce sont les Boulangers et les Bouchers. On les a autorisés à se former en *Syndicat légalement reconnu*, et Dieu sait que de bien il en résulte!...... Dans ces professions, l'Ouvrier honnête et laborieux est certain d'être *continuellement* occupé, puisque ses travaux y sont toujours renaissans. De plus, l'ancien Boulanger est encore employé, soit aux Halles, soit au Grenier

---

nommèrent, pour leurs Délégués, ceux, parmi eux, qu'ils crurent le plus capables de les représenter dignement, et l'on convint de donner à ces Délégués réunis la qualification de Chambre des Imprimeurs.

Aussitôt leur entrée en fonctions, ces Confrères avisèrent au moyen d'obtenir de l'Autorité compétente la régularisation de leur Assemblée, et sollicitèrent vivement, nous dirent-ils, la reconnaissance *officielle* de la Chambre des Imprimeurs. Tout fut inutile, et ils ont constamment échoué dans toutes leurs démarches. Ce qu'on a bien voulu enfin leur accorder, ce fut *une tolérance verbale*, qui peut être retirée d'un instant à l'autre, et, sur cette seule garantie, la Réunion a lieu, chaque mois, dans une salle louée en garni, sous le nom d'un propriétaire totalement étranger à l'Imprimerie; et voilà *la soi-disant* Chambre des Imprimeurs de la première ville de France!...... Voilà la fausse position où nous nous trouvons, et continuerons de nous trouver, jusqu'à ce que vous veniez à notre secours.....

d'Abondance ; les anciens de l'autre état le sont également soit dans les Marchés, soit aux Abattoirs; et ceux enfin qui deviennent tout-à-fait invalides, trouvent encore une dernière ressource dans la Caisse des Pensions.

Dans l'Imprimerie, au contraire, il est bien loin d'en être ainsi. Lorsqu'un Ouvrage est terminé, tous les Ouvriers qui y ont été employés sont privés de travail *à l'instant même*; et jusqu'à ce qu'ils puissent s'en procurer d'autre, (ce qui dure souvent plusieurs mois, surtout depuis l'emploi des *Clichés*, si nuisible aux intérêts des Compositeurs, et celui des *Mécaniques*, si préjudiciable à ceux des Imprimeurs), ils sont forcés de dépenser *continuellement* les économies qu'ils ont pu faire pendant le cours de leurs précédentes occupations *.

Ainsi, l'infortuné Ouvrier Typographe, celui qui a produit, par son intelligence supérieure et son

---

* J'ai présenté à la Chambre des Députés, il y a plusieurs années, une Pétition *sur le danger qui pourrait résulter, pour le sort de la Classe Ouvrière, de l'emploi trop fréquent des Mécaniques*. On a cru devoir passer à l'ordre du jour..... Puisse celle-ci avoir un plus heureux résultat !...... Mais en l'attendant, ne serait-il pas utile que les Ouvriers, dans leur propre intérêt, consultassent ceux de leurs Confrères dont ils sont certains de la *moralité et de la prudence*, pour faire cesser l'espèce de désaccord qui existe entre eux et plusieurs Patrons ? Cela les empêcherait d'entrer dans de fausses routes dont le résultat ne peut être, en définitive, que très-déplorable pour la Typographie en général.

travail *de quarante années*, les illustrations de la Presse française, n'aura plus, sur ses vieux jours, que le mépris qu'inspire aux âmes sèches l'indigence.... Et lorsque ses facultés physiques seront tout-à-fait éteintes, et qu'il aura consommé, par suite des infirmités attachées à la vieillesse, le peu d'économies qu'il aura pu faire au moyen de beaucoup de privations, il sera encore *bien heureux* s'il peut, au déclin de sa vie, obtenir son admission à l'hospice de Bicêtre.... ; et s'il n'a pas *le bonheur* de pouvoir y entrer, après avoir fait toutes les démarches possibles, comme la faim le presse, et qu'il a toujours été probe et incapable de commettre une bassesse, il ose se hasarder à *demander du pain*, alors, la mendicité étant un délit justement réprimé par la Loi, il est arrêté, jugé, condamné comme vagabond, et va finir ses jours dans un dépôt de mendicité..........

Soyez persuadés, MESSIEURS, que si, à l'instar des *Industries* citées plus haut, l'*Art* typographique obtenait les mêmes prérogatives qu'elles, toutes ces calamités cesseraient. D'abord, au moyen d'une cotisation mensuelle, des Cartes de Dispensaire seraient demandées à la Société Philantropique, dont j'ai l'honneur d'être Membre : elles nous serviraient à porter secours à nos Ouvriers malades et à leurs familles; et enfin, au moyen d'une Caisse de Réserve bien organisée, leur sort à venir serait adouci, et nous empêcherait d'avoir à rougir de la position malheureuse *où nous sommes forcés de les abandonner maintenant*...

D'après les faits que je viens d'avoir l'honneur d'exposer à la CHAMBRE, je la prie de vouloir bien demander au Gouvernement :

1° D'employer *tous les moyens* que sa haute sagesse lui dictera pour FAIRE CESSER, LE PLUS PROCHAINEMENT POSSIBLE, les torts immenses que cause aux Savans et à la Librairie de France, la *Contrefaçon Belge ;*

2° De fixer la spécialité de l'Imprimerie Royale dans des limites telles, qu'elle ne puisse plus porter un aussi grand préjudice aux Imprimeries particulières ;

3° De faire cesser la fausse position où se trouvent réduits les Imprimeurs et les Libraires, en leur faisant tracer la *ligne invariable* qu'ils devront suivre pour éviter les énormes condamnations qu'ils encourent continuellement ;

4° D'ordonner que la Loi sur le Timbre (qui doit être égale pour tous) soit revisée, tant pour les Avis de Commerce, que pour les Affiches, *de quelque manière qu'elles paraissent sur les murs ;*

5° D'autoriser, par une Ordonnance Royale, *la création* D'UNE CHAMBRE D'IMPRIMEURS, où auraient le droit d'assister, d'abord, M. le Directeur de l'Imprimerie et de la Librairie, ou son Représentant ; puis, en qualité de *Prud'hommes*, quatre Chefs d'Ateliers (Protes) choisis par les Ouvriers Typographes des deux cathégories, Compositeurs et Imprimeurs, pour y défendre leurs droits et leurs intérêts, lorsqu'ils croiront que cela pourra être d'une utilité indispensable.

J'ai cru, MESSIEURS, remplir un devoir, et rendre un vrai service à mon pays, en vous signalant les malheurs sous le poids desquels nos belles Professions souffrent, par l'effet du *cas exceptionnel* où elles se trouvent placées, et dans ma conviction intime que vous ferez tout ce qu'il vous sera humainement possible de faire pour LEUR VENIR EN AIDE; car enfin, tous les Français *étant égaux* devant la Loi, il est de toute justice que la *Loi soit aussi égale* pour tous les Français.

Si, dans les faits que je viens de vous exposer, j'ai pu commettre quelques erreurs, veuillez être assez indulgens pour me les tolérer, et n'apprécier que le motif qui m'a guidé, celui de l'amélioration d'un Art que j'aime, l'ayant toujours exercé depuis ma jeunesse.

J'ai l'honneur d'être, avec le plus profond respect,

Messieurs,

Votre très-humble et très-obéissant serviteur,

M. J. C. LEBÈGUE,

Doyen des Imprimeurs de Paris.

PARIS.

TYPOGRAPHIE DE LEBÈGUE,

Rue des Noyers, 8.

—

MARS 1843.

www.ingramcontent.com/pod-product-compliance
Lightning Source LLC
LaVergne TN
LVHW010252230826
846091LV00007B/2927

* 9 7 8 2 0 1 2 3 9 2 1 5 1 *